Dieses Buch gehört:

_____

_____

Datum:

_____

JOHN MACARTHUR

GOTT
IN EINER
KRIPPE

Christlicher Verlag
Voice of Hope

1. Auflage 2022

Entnommen aus dem Buch:
God With Us
© 1989 by John F. MacArthur

© der deutschen Ausgabe 2022
by Verlag Voice of Hope
Eckenhagener Str. 43
51580 Reichshof-Mittelagger
www.voh-shop.de

Übersetzung: Roland Freischlad
Lektorat und Design: Voice of Hope

Bestell-Nr. 875.235
ISBN 978-3-947978-35-9

Inhalt

EINLEITUNG

Wir stehen in der Gefahr, Weihnachten zu verlieren. Es mag zurzeit noch unser größter und beliebtester Feiertag sein, und dennoch ist Weihnachten gefährdet. Eine heimtückische und stetig fortschreitende Erosion nagt an der wahren Bedeutung des Weihnachtsfestes. Vielleicht fragst du dich, wovon ich überhaupt spreche. Vielleicht fragt jemand an dieser Stelle: Ist Weihnachten nicht das Fest, an dem Menschen aller Denkrichtungen – religiös oder nicht – die höchsten Werte der Menschheit feiern?

Wir reden und singen von »Frieden auf Erden und den Menschen ein Wohlgefallen«, nicht wahr? Wir erheben den Geist des Friedens, der Bruderschaft, der Liebe und Freundlichkeit. Für eine Zeit lang stellen wir alles andere beiseite, kommen als Familie zusammen, um einander Geschenke zu geben und das Fest zu feiern. Und wenn man es richtig betrachtet – sind diese Dinge nicht das Wesentliche

bei der Weihnacht? Ich denke nicht! Sie sind durchaus etwas Gutes, und doch sind sie nur Überbleibsel von der wahren Bedeutung des Christfestes.

Weihnachten dreht sich eigentlich um die Geburt Jesu – Immanuel, Gott mit uns, der verheißene Messias –, der gekommen ist, um Sein Volk zu »erretten von ihren Sünden« (Mt. 1,21).

Wenn es dir nicht sofort einleuchtet, warum diese Wahrheit alle anderen übertrifft, so ist dieses Buch für dich.

Ich habe dieses Buch geschrieben in der Hoffnung, ein Gegenmittel gegen zwei vorherrschende falsche

Gedankenrichtungen über Weihnachten anzubieten. Die eine Richtung ist der Versuch, die Weihnachtsgeschichte zu mythologisieren, und die andere Richtung ist die Tendenz, sie zu verweltlichen.

WEIHNACHTEN

mythologisieren

verweltlichen

1 Wenn ich von dem Versuch spreche, Weihnachten zu ***mythologisieren***, so denke ich daran, wie die Welt Weihnachten zu kaum mehr als einer kunstvoll aufgebauten Fabel reduziert hat. Durch die Jahre hindurch haben Liedersänger und Geschichtenerzähler den Bericht so sehr ausgeschmückt, dass die meisten Menschen nicht mehr wissen, welche Einzelheiten biblisch und welche fabriziert sind.

Die Tradition hat die – in der Bibel numerisch nicht festgelegten – Besucher aus dem Morgenland zu drei Königen gemacht und ihnen sogar Namen gegeben.

Bekannte Lieder handeln von Tieren in dem Stall, die Personencharakter annehmen wie die aus Äsops Fabelwelt.

Gewöhnlich denken wir an eine Krippenszene mit Schnee, singenden Engeln, vielen Anbetern und einem kleinen Jungen, der eine Trommel schlägt.

DER BIBLISCHE BERICHT ERWÄHNT VON ALL DIESEM NICHTS.

Wusstest du zum Beispiel, dass die Weisen – oder Magier – Jesus nicht in der Nacht Seiner Geburt besuchten? Die Bibel sagt, dass sie Ihn in einem Haus vorgefunden haben (Mt. 2,11). Es kann sein, dass dies erst Wochen, vielleicht sogar erst Monate nach der Geburt Jesu geschah. Diese Besucher waren wahrscheinlich nicht Könige, und es wird uns nirgendwo gesagt, dass es nur drei waren. Die Fakten bezüglich der Weisen sind in der Mythologie verloren gegangen, die den biblischen Bericht überwuchert hat.

2 Die zweite Gefahr, von einer anderen Richtung herkommend, ist die zunehmende Tendenz, Weihnachten zu ***verweltlichen***. Ich denke da nicht nur an Weihnachtsmänner, die man überall vorfindet, oder an Rentiere und Schneemänner, die unseren Weihnachtsdekorationen oft das Gepräge geben, obwohl ich auch davon spreche.

Was mich am meisten besorgt, ist, wie die geistlichen Werte der Weihnacht mehr und mehr von brutalem Konsumdenken ersetzt werden.

Weihnachten ist der Erzfeiertag für überzeugte Genussmenschen geworden. Trinkgelage, den fleischlichen Lüsten hemmungslos frönen, wahnsinnig viel Geld ausgeben und schamloses Überfressen –

all dies beschreibt, wie ein großer Teil dieser Welt Weihnachten feiert.

Es ist nicht schwer, diese Trends nachzuweisen. Du brauchst nur dein Einkaufszentrum in der Woche vor Weihnachten zu besuchen, und du wirst eindrückliche Beweise davon erhalten, wie Weihnachten uns immer schneller entgleitet. Achte einmal darauf, wie die Geschäfte ihre Waren anbieten, und achte darauf, was sie anbieten. Hör einmal zu, wenn die Kundschaft miteinander redet. Geh einmal in ein einschlägiges Geschäft und sieh dir die Weihnachtskarten an. Versuche dir dann einmal vorzustellen, dass du jemand wärest, der noch nie von Jesus Christus oder Weihnachten gehört hat. Welchen Eindruck würdest du erhalten von dem, was du siehst? Viel wichtiger noch – wie denkt unser Herr über all das? Diese Frage lastet beständig auf mir. Können wir diese ganzen hemmungslosen Ausschweifungen damit rationalisieren, dass wir sie »das Feiern Seiner Geburt« nennen – der Geburt Dessen, dem ein Futtertrog für Tiere als Krippe diente?

Vor einigen Jahren las ich einen erschütternden Zeitungsbericht über eine reiche Familie aus Boston (USA), die eine Tauffeier für ihr neugeborenes Baby veranstaltete. Sie luden ihre Freunde und Verwandten in ihr prächtiges Haus ein, um mit ihnen die Geburt ihres neugeborenen Kindes zu feiern. Etwa eine halbe Stunde nach Festbeginn, als die Zeit gekommen war, das Baby zu bringen, damit es jeder bestaunen könnte, machte die Mutter eine tragische Entdeckung. Auf dem großen Bett, auf dem sie das Kindchen schlafend zurückließ, hatten die Gäste ihre Mäntel unachtsam und ahnungslos aufgehäuft. Das Baby lag darunter, erstickt von der achtlos abgelegten Bekleidung.

Diese tragische Szene veranschaulicht deutlich, was die Welt aus Weihnachten gemacht hat.

Die Erkenntnis,
dass Weihnachten in
erster Linie das Feiern der
Geburt des Heilands ist,
ging verloren. Er wurde fast
völlig vergessen, grausam
und achtlos erstickt in der
Hast und dem Getöse.

Versteh mich bitte recht! Ich sage nicht, dass unsere Weihnachtsfeiern mit langen Gesichtern, melancholisch und mit grimmiger Miene als religiöse Formsache ohne Freude gefeiert werden sollten. Im Gegenteil, Weihnachten sollte eine Zeit wahrer

Freude und Fröhlichkeit sein, im Gegensatz zu der selbstgemachten Gefühlsduselei und wilden Ausuferung, mit der die Welt Weihnachten feiert. Die wahre Freude entsteht da, wo man erkennt, was Weihnachten wirklich ist, und wo man Den kennt, dessen Geburt wir feiern.

Wir können Ihn nicht kennen, wenn wir nicht erkennen, dass Er Realität ist. Der Bericht von Seiner Geburt ist kein bloßes Gleichnis. Wir dürfen es nicht wagen, die Sache zu romantisieren oder uns mit einer fantasievollen Legende zufriedenzugeben, die den ganzen Bericht zur Bedeutungslosigkeit herabwürdigt. Maria und Joseph waren wirkliche Menschen. Ihr Dilemma des Raummangels in der Herberge war für sie eine ebenso große, beängstigende Not, wie es dies für dich und mich wäre. Die Krippe, in die Maria das Jesuskind legte, war vielleicht durchdrungen von dem Geruch von Tieren. Und wahrscheinlich rochen die Hirten ebenso. Diese erste Weihnacht war weit entfernt von dem, was wir uns normalerweise als niedliche Weihnachtsszene ausmalen.

Aber das macht die Sache umso erstaunlicher:

DAS KINDLEIN IN DER KRIPPE IST GOTT!

Hier ist das Herz und Wesen der Weihnachtsgeschichte. Es gab nicht viele Anbeter um diese Krippe herum – nur ein paar Hirten. Eines Tages jedoch werden sich vor Ihm alle Knie beugen, und alle Zungen werden bekennen, dass Er Herr ist (Phil. 2,9-11). Die, die Ihn anzweifeln, die Seine Feinde sind, die Ihn ignorieren – alle werden sie eines Tages ebenso ihre Knie vor Ihm beugen. Wie viel besser ist es doch, Ihm jetzt die Ehre zu geben, in der Ihm gebührenden Anbetung! Das ist es, wozu Weihnachten führen sollte.

Ich bete darum, dass du beim Lesen dieses Buches die Wahrheit der Weihnacht in all ihrem Reichtum wie nie zuvor erkennst. Möge dies die wunderbarste Weihnacht sein, die du je gefeiert hast!

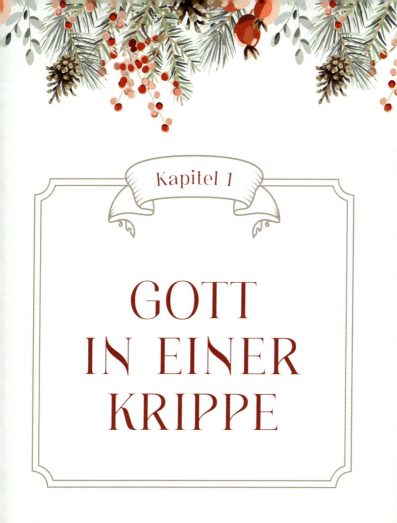

GOTT IN EINER KRIPPE

Diese Welt lässt Jesus Christus gern das Kindlein in der Krippe sein, ist aber nicht gewillt, Ihn das sein zu lassen, was Er ist, nämlich: der allerhöchste König und Herr! Und doch sehen wir gerade darin die Kernwahrheit der Weihnachtsgeschichte:

DAS KIND DER WEIHNACHT
IST GOTT!

Viele, die Jesus sonst gern als Messias anerkennen, wollen Ihn aber nicht als Gott wahrhaben.

Sie lassen Ihn gern den Sohn Davids sein, aber nicht den Sohn Gottes. Sie feiern gern die Geburt des Kindleins, wollen aber von dem Herrn aller Herren nichts wissen. Sie singen von Seiner Geburt, bieten aber Seiner Autorität trotzig die Stirn. Sie verehren Ihn als ein Kind, wollen Ihm aber als dem Gott-Menschen keine Ehre darbringen. Sie können den Weihnachtsprunk zwar mitmachen – mit Krippe, Hirten, Weisen, Joseph und Maria – aber sie können das Kommen Gottes im Fleisch nicht ausstehen.

Folglich ignoriert die Welt das Herzstück aller Weihnachtswahrheit. Und, anstatt Jesus an Weihnachten zu ehren, verspotten sie Ihn sogar.

Der Feind muss sich über das Weihnachtsfeiern der Welt wohl so richtig freuen. Er muss wahrhaft schwelgen in der dreisten Sünde gegen Christus, in der Lästerung und Verwerfung – und das alles durch solche, die meinen, dass sie Seine Geburt feiern würden! Der Feind muss wohl außerordentlich erfreut sein über die Art und Weise, in der die Menschen sich gegen die Wahrheit Christi unempfindlich machen, indem sie Seiner Geburt mit bloßen Worten gedenken, das Eigentliche aber ignorieren – nämlich dass Jesus der allmächtige Gott ist.

Kapitel 2

DIE FLEISCH-WERDUNG GOTTES

AN WEIHNACHTEN
GEHT ES NICHT UM DIE

KINDHEIT

DES HEILANDS,
SONDERN UM SEINE

GOTTHEIT!

Die Geburt Jesu Christi in Niedrigkeit war nie dazu bestimmt gewesen, eine verdeckende Fassade zu sein für die Realität, dass hier Gott in die Welt kam. Und doch ist gerade das die Version der Weihnachtsgeschichte der heutigen Welt. Folglich hat Weihnachten für den Großteil der Menschen überhaupt keine echte Bedeutung.

Ich kann mir nicht denken, dass auch nur einer von ihnen eine Vorstellung davon hat, was es für Gott bedeutete, in einer Krippe geboren zu werden. Wie könnte man es erklären, dass der Allmächtige sich so erniedrigt hat, dass Er ein kleines Kindlein wurde? Es war ohne Zweifel die größte Demütigung, die die Welt bis dahin je gesehen hatte oder je sehen wird! Unser Verstand kann nicht einmal erahnen, was damit alles verbunden war, dass Gott Mensch wurde. Wir werden es nie begreifen, warum Er, der unendlich reich war, arm wurde, menschliche Natur annahm und in eine Welt kam,

von der Er wusste, dass sie Ihn verwerfen und töten würde.

Auch kann niemand erklären, wie Gott ein kleines Kind werden konnte. Und doch: Es geschah so! Ohne Seine göttliche Natur abzulegen oder Seine Gottheit in irgendeiner Weise zu verringern, wurde Er als ein kleines Kindlein in unsere Welt hineingeboren.

Leute fragen mich oft, ob ich der Meinung sei, dass Er schrie, oder auch, ob Er die gleiche Nahrung und Pflege brauchte wie jeder andere Säugling. Natürlich brauchte er sie!

ER WAR UNEINGESCHRÄNKT MENSCH GEWORDEN, mit allen Bedürfnissen und Gefühlen jedes Menschen.

ER WAR ABER AUCH UNEINGESCHRÄNKT GOTT – allwissend, allmächtig.

Wie kann denn beides zutreffen? Ich weiß es nicht! Die Bibel lehrt dies jedoch eindeutig! In einem gewissen Sinn hat Jesus freiwillig die uneingeschränkte Anwendung Seiner göttlichen Eigenschaften beiseitegelegt. Er gab nicht auf, Gott zu sein, sondern Er gab freiwillig den unabhängigen Gebrauch Seiner göttlichen Vorrechte und Seiner Macht auf (Phil. 2,5-8). Es gefiel Ihm, Seinen Willen dem Willen Seines Vaters unterzuordnen (Joh. 5,30; 6,38). In alledem blieb Er aber uneingeschränkt Gott.

Seit ca. 2000 Jahren wird heftig darüber diskutiert, wer Jesus wirklich ist. Sekten und Skeptiker haben mit verschiedenen Antworten aufgewartet. Sie sagen, dass Er einer von vielen Göttern sei oder ein geschaffenes Wesen oder ein hochstehender Engel oder ein guter Lehrer oder ein Prophet usw. Der gemeinsame Faden, der sich durch all diese Theorien hindurchzieht, ist, dass jene Menschen Jesus zu einem niedrigeren Wesen als Gott reduzieren.

Aber lassen wir die Bibel selbst zu Wort kommen. Das Johannesevangelium beginnt mit der klaren Aussage, dass Jesus Gott ist:

> *»Im Anfang war das Wort, und das Wort*
> *war bei Gott, und das Wort war Gott. Dieses war*
> *im Anfang bei Gott. Alles ist durch dasselbe*
> *entstanden; und ohne dasselbe ist auch nicht eines*
> *entstanden, was entstanden ist.«* (Joh. 1,1-3)

Wer ist »das Wort«, von dem diese Verse reden? Vers 14 lässt uns da keinen Zweifel:

> *»Und das Wort wurde Fleisch und wohnte*
> *unter uns, und wir sahen Seine Herrlichkeit,*
> *eine Herrlichkeit als des Eingeborenen*
> *vom Vater, voller Gnade und Wahrheit.«*

Die biblischen Aussagen sind überwältigend klar darin, dass in diesem Kind in der Krippe Gott im Fleisch gekommen war. Ein Beispiel dafür ist Seine Allwissenheit: Jesus *»kannte [alle] und [hatte] es nicht nötig, dass jemand von dem Menschen Zeugnis gab; denn Er wusste Selbst, was im Menschen war«* (Joh. 2,24-25). Nathanael war erstaunt, als er entdeckte, dass Jesus alles über ihn wusste, bevor er Ihm je begegnet war. Das war genug, um ihn davon zu überzeugen, dass Jesus der Messias ist (Joh. 1,48-50). In Johannes 4 lesen wir von einer samaritischen Frau, die Jesus am Jakobsbrunnen traf und von der Er ebenso alles wusste (V. 17-19.29).

Und darüber hinaus tat Er die Werke Gottes. Er sagte: »*Glaubt Mir, dass Ich im Vater bin und der Vater in Mir ist; wenn nicht, so glaubt Mir doch um der Werke willen!*« *(Joh. 14,11).*

DIE WERKE JESU
SIND EIN ÜBERZEUGENDER
BEWEIS FÜR
SEINE GOTTHEIT.

Er begann Seinen wunderbaren Dienst mit einer einfachen Tat – Er schuf aus Wasser Wein auf einer Hochzeit in Kana (Joh. 2,1-11). Nur Gott kann etwas erschaffen. Darüber hinaus heilte Jesus Menschen, die hoffnungslos krank waren. Er gab einem Blinden das Augenlicht. Er öffnete Ohren, die noch nie gehört hatten. Er heilte verkümmerte Glieder. Er schuf genug Brot und Fische, um Tausende zu speisen. Er weckte Tote auf. Einem gebot Er einfach, aus dem Grab hervorzukommen.

Kapitel 3

DIE FÜLLE GOTTES

Nie hat es einen Menschen wie Jesus Christus gegeben. Das gesamte Neue Testament unterstreicht diese Aussage, indem es mehrfach die Gottheit Jesu betont. Darf ich besonders auf eine Stelle hinweisen, die der Apostel Paulus geschrieben hat und die das Wesen der göttlichen Natur Jesu beschreibt?

HIER BEGEGNEN UNS DIE WAHRHEITEN, DIE WEIHNACHTEN ERST RICHTIG SCHÖN MACHEN:

»Dieser ist das Ebenbild des unsichtbaren Gottes, der Erstgeborene, der über aller Schöpfung ist. Denn in Ihm ist alles erschaffen worden, was im Himmel und was auf Erden ist, das Sichtbare und das Unsichtbare, seien es Throne oder Herrschaften oder Fürstentümer oder Gewalten: Alles ist durch Ihn und für Ihn geschaffen; und Er ist vor allem, und

alles hat seinen Bestand in Ihm. Und Er ist das Haupt des Leibes, der Gemeinde, Er, der der Anfang ist, der Erstgeborene aus den Toten, damit Er in allem der Erste sei. Denn es gefiel [Gott], in Ihm alle Fülle wohnen zu lassen und durch Ihn alles mit sich Selbst zu versöhnen, indem Er Frieden machte durch das Blut Seines Kreuzes – durch Ihn, sowohl was auf Erden als auch was im Himmel ist« (Kol. 1,15-20).

Paulus schrieb diese Zeilen an die Christen in Kolossä. Die Stadt stand unter dem Einfluss einer falschen Lehre, welche sich später zu etwas entwickelte, das Gnosis genannt wird. Gnosis war das Ergebnis eines elitären, stark intellektuellen Kultes, deren Anhänger sich für die Einzigen mit dem Zugang zur Wahrheit hielten. Die Wahrheit, so glaubten sie, sei derart komplex, dass der normale Mensch sie überhaupt nicht erkennen könne. Unter anderem lehrten sie einen philosophischen Dualismus, der besagte, dass Materie böse, Geist aber gut sei. Sie glaubten, dass Gott gut ist, weil Er Geist ist, und dass Er nie mit Materie in Berührung kommen könne, da diese ja böse sei. Das führte dann auch zu einem weiteren Trugschluss: Gott könne nicht der

Schöpfer des materiellen Universums sein, denn wenn Er Materie erschaffen hätte, wäre Er ja für das Böse verantwortlich.

Etliche der neutestamentlichen Briefe wenden sich ganz speziell gegen aufkommendes gnostisches Gedankengut. Es war sogar so, dass der Apostel Johannes die Grundlage der gnostischen Lehre angriff, als er schrieb:

> *»Daran erkennt ihr den Geist Gottes:*
> *Jeder Geist, der bekennt, dass Jesus Christus im*
> *Fleisch gekommen ist, der ist aus Gott;*
> *und jeder Geist, der nicht bekennt, dass Jesus*
> *Christus im Fleisch gekommen ist,*
> *der ist nicht aus Gott« (1.Joh. 4,2-3a).*

Die Anfänge des Gnostizismus sind es auch, denen der Apostel Paulus in seinem Brief an die Kolosser entgegenwirkte. Wenn er zum Beispiel schreibt: *»Denn in Ihm ist alles erschaffen worden, was im Himmel und was auf Erden ist, das Sichtbare und das Unsichtbare, seien es Throne oder Herrschaften oder Fürstentümer oder Gewalten: Alles ist durch Ihn und für Ihn geschaffen« (Kol.*

1,16), so weist er damit diese gleiche Irrlehre zurück. Und dadurch bekräftigt er bewusst, dass der im Fleisch gekommene Jesus Gott ist – der Schöpfer aller Dinge. Diese Bibelworte beweisen, dass Er vollkommen Gott ist, Gott in jeder nur erdenklichen Weise.

Kapitel 4

DAS BILD GOTTES

Es ist eine Ironie, dass einige Sekten, welche die Gottheit Jesu verneinen, versuchen, ihren Standpunkt mit Kolosser 1,15-20 zu beweisen. Sie sagen zum Beispiel, dass die Worte »*Ebenbild des unsichtbaren Gottes*« *(V. 15)* andeuten, dass Jesus nur ein geschaffenes Wesen gewesen sei, das Abbild Gottes. Aber in 1. Mose 1,27 lesen wir, dass dies auf alle Menschen zutrifft:

> Wir wurden alle
> im Bilde Gottes geschaffen.
> Wir tragen Sein Merkmal.
> Wir sind Ihm zwar nur ähnlich,
> Jesus aber ist Gottes
> genau entsprechendes Ebenbild.

Das griechische Wort, das in diesem Text mit »Eben-bild« übersetzt wurde, ist das Wort eikon. Es bedeu-tet so viel wie eine vollkommene Nachbildung, eine genaue Kopie, ein Duplikat – etwas, was dem Origi-nal noch mehr gleicht als zum Beispiel ein Foto. Pau-lus will sagen, dass Gott Selbst vollkommen sicht-bar wird in der Person Seines Sohnes, der niemand anders ist, als Jesus Christus. Er ist das genaue Bild Gottes. Er hat ja Selbst gesagt: »*Wer mich gesehen hat, der hat den Vater gesehen*« *(Joh. 14,9).*

Hebräer 1 ist eine Parallelstelle zu Kolosser 1,15-20 in einigen wichtigen Hauptpunkten. Beide Stel-len lehren ausdrücklich, dass Jesus Gott ist. Zu der Stelle in Kolosser 1,15 zum Beispiel, die besagt, dass Christus das Bild Gottes ist, gibt Hebräer 1,3 eine identische Bekräftigung: »*Er ist die Ausstrahlung Sei-ner Herrlichkeit und der Ausdruck Seines Wesens*«. Christi Verhältnis zu Gott ist wie das Verhältnis des war-men Lichtglanzes zur Sonne. Er bringt Gott direkt in die Herzen der Menschen. Er bringt Licht und Leben. Er offenbart das Wesen Gottes. So, wie die Sonne nie ohne ihren Glanz war, so ist es auch mit Christus und Gott. Man kann hier keine Trennung machen, denn der Eine war nie ohne den Anderen da. Sie sind eins (Joh. 10,30).

Die Heilige Schrift sagt an verschiedenen Stellen, dass Gott unsichtbar ist. Wir lesen zum Beispiel in Johannes 1,18a: »*Niemand hat Gott je gesehen.*« Gott sagte zu Mose in 2. Mose 33,20: »*Mein Angesicht kannst du nicht sehen, denn kein Mensch wird leben, der Mich sieht!*« Jesus sprach in Johannes 4,24: »*Gott ist Geist, und die Ihn anbeten, müssen Ihn im Geist und in der Wahrheit anbeten.*« Und Er sagte auch: »*Und der Vater, der Mich gesandt hat, hat Selbst von Mir Zeugnis gegeben. Ihr habt weder Seine Stimme jemals gehört noch Seine Gestalt gesehen*« (Joh. 5,37).

Und doch wurde durch Christus der unsichtbare Gott sichtbar gemacht. In Jesus wird Gottes vollkommenes Ebenbild sichtbar. »*Denn es gefiel [Gott], in Ihm alle Fülle wohnen zu lassen*« (Kol. 1,19). Jesus ist nicht nur ein Umriss Gottes. Er ist vollkommen Gott!

Noch deutlicher wird das in Kolosser 2,9: »*In Ihm wohnt die ganze Fülle der Gottheit leibhaftig.*« Es fehlt an nichts!

Keine Eigenschaft
Gottes ist abwesend in Jesus!

Er ist Gott im wahrsten
Sinne des Wortes.

ER IST DAS VOLLKOMMENE BILD GOTTES.

DER ERSTGEBORENE GOTTES

In Kolosser 1,15 sagt Paulus von Jesus, dass Er der »*Erstgeborene über aller Schöpfung*« ist. Jene, die Jesu Gottheit ablehnen, haben sich sehr auf diese Aussage gestützt, wobei sie annehmen, dass diese Stelle besage, Jesus sei ein geschaffenes Wesen. Aber das Wort, das mit »Erstgeborener« übersetzt wird, ist Prototokos. Es beschreibt Jesu Stellung, Jesu Rang, nicht Seinen Ursprung! Der Erstgeborene war in einer hebräischen Familie der Erbe – derjenige mit der höchsten Stellung, mit dem Recht auf das Erbe. In einer königlichen Familie hatte der Erstgeborene das Recht auf die Herrschaft.

Dieser Vers will daher sagen, dass Christus alle Schöpfung ererbt und damit auch das Recht, über alle Schöpfung zu herrschen! Der Vers besagt nicht, dass Christus als Rang-Oberster geboren wurde. Das Alte Testament illustriert diese Wahrheit durch Jakob und Esau. Esau wurde zuerst geboren, aber Jakob war der Erbe.

In Psalm 89,28 sagt Gott bezüglich David: *»Ich will ihn zum Erstgeborenen machen, zum Höchsten der Könige auf Erden.«* Hier ist uns die Bedeutung des Erstgeborenen in klaren, einfachen Worten erklärt: der Höchste unter den Königen der Erde. Es ist genau das, was Prototokos in Bezug auf Christus bedeutet – Er ist König aller Könige und Herr aller Herren (1.Tim. 6,15; Off. 19,16).

Und auch hier finden wir wieder eine parallele Aussage in Hebräer 1, wo Gott sagt, dass Er Seinen Sohn *»zum Erben aller Dinge eingesetzt hat« (V. 2).*

> Jesus ist der Erste, der Sohn mit dem Recht auf das Erbe, der Vorrangige, der Herr aller Dinge, Erbe der ganzen Schöpfung.

Kapitel 6

DER ARM GOTTES

Die Behauptung, »Erstgeborener« bedeute, dass Christus ein geschaffenes Wesen sei, lässt den Zusammenhang von Kolosser 1,15 völlig außer Acht. Du wirst dich an unsere Klarstellung erinnern, dass Kolosser 1,16-17 Ihn ausdrücklich als Schöpfer aller Dinge zeigt: *»Denn in Ihm ist alles erschaffen worden, was im Himmel und was auf Erden ist, das Sichtbare und das Unsichtbare, seien es Throne oder Herrschaften oder Fürstentümer oder Gewalten: Alles ist durch Ihn und für Ihn geschaffen; und Er ist vor allem, und alles hat seinen Bestand in Ihm.«*

Christus ist nicht lediglich ein Teil der Schöpfung. ER IST DER SCHÖPFER, der Arm Gottes Selbst, von Anfang an wirkend, da Er das Universum und jede Kreatur ins Dasein rief.

In Johannes 1,2-3 lesen wir: »*Dieses [Wort – gemeint ist Jesus Christus –] war im Anfang bei Gott. Alles ist durch dasselbe entstanden; und ohne dasselbe ist auch nicht eines entstanden, was entstanden ist.*« Solche Worte über Ihn könnten nicht wahr sein, wenn Er Selbst ein geschaffenes Wesen wäre.

Und wiederum können wir uns an Hebräer 1 wenden, um diese Wahrheiten bestätigt zu sehen. Vers 2 zeigt Christus als den, durch welchen die Welt gemacht wurde. Somit ist Christus also nicht nur der Erbe der Schöpfung, sondern Er war auch zu Anfang schon der Ausführende des Werkes der Schöpfung – die Person der Trinität, durch welchen und für welchen die Schöpfung gemacht wurde.

DENK EINMAL DARÜBER NACH, WAS DAS WIRKLICH BEDEUTET.

Die Ausdehnung der Schöpfung lässt uns schwindelig werden. Denkst du manchmal über die Größe des Universums nach? Wenn sie dir nicht einen Funken Ahnung von der Größe Gottes gibt, so hast du noch nie echt darüber nachgedacht.

Eine hohle Kugel von der Größe unserer Sonne zum Beispiel könnte 1,2 Mio. Planeten von der Größe unserer Erde in sich aufnehmen, wobei dann noch genug Raum übrigbliebe, um weiteren 4,3 Mio. Globussen von der Größe unseres Mondes Platz zu bieten! Der nächste Stern zur Sonne, Alpha Centauri, ist fünfmal so groß wie die Sonne. Der Beteigeuze, einer der sichtbaren Sterne in der Orion-Konstellation, ist 248-mal so groß wie unsere Sonne. Der Arkturus dagegen ist noch zehnmal größer.

KEIN WUNDER, DASS HIOB IN EHRFURCHTSVOLLER SCHEU AUSRUFT:

»Wahrhaftig, ich weiß, dass es sich so verhält; und wie kann ein Mensch gerecht sein vor Gott? ... Er machte den Großen Bären, den Orion und das Siebengestirn, samt den Kammern des Südens« (Hi. 9,2.9).

Licht legt in einer Sekunde eine Strecke von etwa 300 000 km zurück. Ein Lichtstrahl, von der Erde ausgesandt, erreicht den Mond in etwa eineinhalb Sekunden. Stell dir einmal vor, du könntest dich so schnell fortbewegen! Man könnte bei dieser Geschwindigkeit den Merkur in etwa viereinhalb Minuten erreichen. Um zum Jupiter zu kommen, bräuchte man etwa 35 Minuten. Wenn du gewillt wärst, noch weiter vorzudringen, könnte man den Saturn in etwa einer Stunde erreichen; aber um zu dem naheliegendsten Stern zu kommen, würde man vier Jahre und vier Monate brauchen. Um auch nur zum Rand unserer Milchstraße zu gelangen, bräuchte man etwa 100 000 Jahre. Wenn du die Sterne auf einer solchen Reise zählen könntest, so würdest du allein in der Milchstraße etwa einhundert Milliarden finden. Wenn du gern auch andere Galaxien erforschen wolltest, so könntest du buchstäblich unter etlichen Milliarden auswählen.

DIE GRÖSSE DES UNIVERSUMS IST UNVORSTELLBAR.

WER HAT ALL DIES GESCHAFFEN?

Ja, so sagen die meisten Wissenschaftler, da gab es diese große Explosion, die dann schließlich einen Urschleim bildete …

Sie können es einfach nicht erklären.

GOTT HAT ALL DIES GESCHAFFEN.

Wer?

DAS KINDLEIN IN DER KRIPPE.
Er hat alles erschaffen.

Und darüber hinaus »*[hat] alles seinen Bestand in Ihm*« *(Kol. 1,17b)*. Und auch hier bestätigt Hebräer 1 wiederum, was wir in Kolosser 1 lesen, nämlich, dass Christus »*alle Dinge durch das Wort Seiner Kraft*« *(Hebr. 1,3b)* trägt. Ohne Ihn müsste die ganze Welt zerfallen. Lass dich ja nicht auf die Lüge des Deismus ein, die besagt, dass Gott zwar alles erschaffen und es wie ein Uhrwerk aufgezogen, sich dann aber entfernt habe, um den Mechanismus allein abspielen zu lassen.

WEIT DAVON
ENTFERNT, SEINE
SCHÖPFUNG IM
STICH ZU LASSEN,

KAM ER ALS KLEINES
KINDLEIN IN SIE
HINEIN, MIT NUR EINER
KRIPPE ALS WIEGE.

DAS LAMM GOTTES

Wer war dieses Kind? Gott! Wir können dies mittlerweile klar erkennen.

Aber WARUM wurde Gott Mensch,
und WARUM wurde Er in
solcher Niedrigkeit geboren,
und WARUM erlaubte Er Menschen,
Ihn so zu behandeln?

Jesus ist doch »vor allem« (Kol. 1,17a)
und »der Anfang« (Kol. 1,18b)
– WARUM ließ Er sich so sehr herab,
als Kindlein zur Erde zu kommen,
sich derart misshandeln zu
lassen und einen solch
grausamen Tod zu sterben?

Der Apostel Paulus gibt uns die Antwort eindeutig: »*Denn es gefiel [Gott], in Ihm alle Fülle wohnen zu lassen und durch Ihn alles mit sich Selbst zu versöhnen, indem Er Frieden machte durch das Blut Seines Kreuzes*« (Kol. 1,19-20a).

ER TAT ES, UM FRIEDEN ZU SCHAFFEN ZWISCHEN GOTT UND DEN MENSCHEN.

Wir alle haben gesündigt, und wir sündigen immer noch oft. Es heißt: »*Es ist keiner gerecht, auch nicht einer... denn alle haben gesündigt und verfehlen die Herrlichkeit, die sie vor Gott haben sollten*« (Röm. 3,10b.23).

Gott hasst Sünde und muss ihr mit Seinem Zorn begegnen. Die Bibel sagt: »*Gott ist ein gerechter Richter und ein Gott, der täglich zürnt*« (Ps. 7,12). Die Menschen reagieren darauf nur mit mehr Hass, Rebellion oder Gleichgültigkeit gegen Gott: »*Es ist keine Gottesfurcht vor ihren Augen*« (Röm. 3,18). Die einzig mögliche Antwort eines heiligen Gottes auf unsere Sünde ist mehr, als wir ertragen können, denn »*der Lohn der Sünde ist der Tod*« (Röm. 6,23a). Weiterhin lesen wir:

»Wenn man nicht umkehrt, so schärft Er Sein Schwert, hält Seinen Bogen gespannt und zielt« (Ps. 7,13).

Nur Jesus konnte jemals diesen Konflikt lösen, da Er allein zugleich Gott und Mensch ist. Er lebte als Mensch, jedoch ohne Sünde, versucht in jeder Weise gleichwie die Menschen, damit Er unser barmherziger Hoherpriester sein konnte. Es heißt: *»Denn wir haben nicht einen Hohenpriester, der kein Mitleid haben könnte mit unseren Schwachheiten, sondern einen, der in allem versucht worden ist in ähnlicher Weise [wie wir], doch ohne Sünde« (Hebr. 4,15).* Und obwohl Er ohne Sünde war, starb Er als Opfer – Er, das fleckenlose Lamm Gottes (Joh. 1,29). Er war das Opfer, das unsere Sünde trug, und *»so wird der Christus, nachdem Er sich einmal zum Opfer dargebracht hat, um die Sünden vieler auf sich zu nehmen, zum zweiten Mal denen erscheinen, die auf Ihn warten, nicht wegen der Sünde, sondern zum Heil« (Hebr. 9,28). »Und nachdem Er zur Vollendung gelangt ist, ist Er allen, die Ihm gehorchen, der Urheber ewigen Heils geworden« (Hebr. 5,9).* Mit anderen Worten: Er nimmt die Hand eines reuigen, sich Ihm ausliefernden Sünders und die ausgestreckte Hand eines heiligen und doch liebenden Gottes und verbindet die beiden miteinander. Er kann unsere Sünden vergeben, uns mit Gott versöhnen und auf diese Weise Frieden machen »*durch das Blut Seines Kreuzes*« *(Kol. 1,20b).* Und Gott zögert nicht dabei, sondern das ist ja der wahre Grund, warum Er Christus in die Welt gesandt hat!

Gott ist gerechterweise zornig über die Sünde der Menschen. Und doch liebt Er uns so sehr, dass Er Seinen Sohn gab, um auf Erden zu leben, am Kreuz zu sterben, unsere Sünden an Seinem eigenen Leib zu tragen und so die volle Wucht des Zornes Gottes zu erleiden – ein Los, das uns gerechterweise hätte treffen müssen. Er bezahlte unsere Strafe und stellte wieder Frieden her zwischen uns und Gott. Es gab keinen anderen Weg als diesen.

DAS GESCHENK GOTTES

So ist denn Weihnachten in erster Linie ein Feiern der Liebe Gottes zu uns Menschen. Das Kind in der Krippe ist mehr als nur ein zarter Knabe. Er ist das Bild Gottes und der Erstgeborene Gottes. Er kam in einem menschlichen Leib, damit Er in diesem Leib die Sünden der Welt tragen konnte. Er machte das Geschenk Gottes möglich, nämlich ewiges Leben (Röm. 6,23b). **Das ist die gesamte Weihnachtsbotschaft.**

Verliere dich bitte nicht in dem enormen Ausmaß all dieser Dinge.

Die Fleischwerdung Gottes in Jesus Christus ist wertlos, wenn sie nicht persönlich Anwendung findet.

Gott liebt dich persönlich. Er kennt dich besser, als du dich selbst kennst, und doch liebt Er dich! Er kam in diese Welt, nahm Menschengestalt an und starb an einem Kreuz – für alle, die an Ihn glauben –, um ihre Sünde zu tragen, um die Strafe für ihre Ungerechtigkeit zu bezahlen, um ihre Schuld hinwegzunehmen. Dies tat Er, damit sie in Seine Gegenwart treten können.

GLAUBST DU AN DEN HERRN JESUS CHRISTUS?

Paulus schrieb: »*Wenn aber unser Evangelium verhüllt ist, so ist es bei denen verhüllt, die verlorengehen; bei den Ungläubigen, denen der Gott dieser Weltzeit die Sinne verblendet hat, sodass ihnen das helle Licht des Evangeliums von der Herrlichkeit des Christus nicht aufleuchtet, welcher Gottes Ebenbild ist … Denn Gott, der dem Licht gebot, aus der Finsternis hervorzuleuchten, Er hat es auch in unseren Herzen licht werden lassen, damit wir erleuchtet werden mit der Erkenntnis der Herrlichkeit Gottes im Angesicht Jesu Christi*« (2.Kor. 4,3-4.6).

Mit anderen Worten: Obwohl Christus die Offenbarung der Herrlichkeit Gottes ist, das Ebenbild Gottes, wird dies nicht von jedermann gesehen. Der Feind verblendet den Sinn der Ungläubigen. Die Wahrheit des Evangeliums ist ihnen verborgen. Das muss aber nicht so sein. Gott, der im Schöpfungsakt die Dunkelheit vertrieb, indem Er einfach dem Licht zu leuchten gebot, kann bewirken, dass das Licht Seiner Herrlichkeit auch in deinem Herzen aufstrahlt.

Er ruft dir zu, im Glauben
zu Ihm zu kommen.

WENDE DICH VON DEINER
SÜNDE AB, ZU IHM.

Wir lesen: »*Der Herr zögert nicht die Verheißung hinaus, wie etliche es für ein Hinauszögern halten, sondern Er ist langmütig gegen uns, weil Er nicht will, dass jemand verlorengehe, sondern dass jedermann Raum zur Buße habe*« (2.Pt. 3,9).

GLAUBE IHM, UND VERTRAUE IHM DEIN LEBEN AN.

Es heißt nicht umsonst: *»Wer an Ihn glaubt, wird nicht gerichtet; wer aber nicht glaubt, der ist schon gerichtet, weil er nicht an den Namen des eingeborenen Sohnes Gottes geglaubt hat ... Wer an den Sohn glaubt, der hat ewiges Leben; wer aber dem Sohn nicht glaubt, der wird das Leben nicht sehen, sondern der Zorn Gottes bleibt auf ihm«* (Joh. 3,18.36).

ÜBERGIB DICH IHM VORBEHALTLOS, UM IHM NACHZUFOLGEN.

Er muss Seinen rechtmäßigen Platz als Herr einnehmen – *»... damit Er in allem der Erste sei«* (Kol. 1,18b). Er, der alles erschaffen hat, wird aus dir eine neue Kreatur machen, neu geformt nach Seinem Bild, mit neuem Verlangen und einem neuen Herzen. *»Darum: Ist jemand in Christus, so ist er eine neue Schöpfung; das Alte ist vergangen; siehe, es ist alles neu geworden!«* (2.Kor. 5,17). Dein Leben wird nie mehr wie vorher sein.

Und dieses Weihnachten wirst du wahrhaft Grund zum Feiern haben, denn du hast dann das größte Geschenk, das man je bekommen kann. Du wirst *»ohne Verdienst gerechtfertigt durch Seine Gnade aufgrund der Erlösung, die in Christus Jesus ist«* (Röm. 3,24).

JESUS ALLEIN
Was es wirklich bedeutet, errettet zu sein

John MacArthur

Bestell-Nr.: 875.283
188 Seiten • Hardcover
(Leineneinband)

Bestellen unter:

www.voh-shop.de
+49 2265 9974922

In »Jesus allein« wird deutlich gemacht, dass das von Jesus verkündete Evangelium ein Aufruf zur Selbstverleugnung, zu radikalen Veränderungen und zum Dienst für Ihn ist. Schwierige Forderungen? Menschlich gesehen unmöglich! Doch diese Lebensweise ist erreichbar, wenn wir verstehen, dass echter Glaube ein Herz hervorbringt, das sich völlig der Herrschaft Christi unterwirft.

»Jesus allein« beleuchtet das Evangelium, das Jesus Selbst gepredigt hat – mit dem Ziel, ein gründliches und richtiges Verständnis des wahren Weges zur Errettung zu erlangen. Er ist der Einzige, an den wir uns wenden müssen, wenn wir Worte des ewigen Lebens erhalten wollen.

MIT DER BIBEL BETEN

Donald S. Whitney

Bestell-Nr.: 875.257
130 Seiten • Hardcover
(Leineneinband)

Bestellen unter:

www.voh-shop.de
+49 2265 9974922

Wenn Du betest, hast Du dann manchmal das Gefühl, dass Du immer wieder die gleichen Worte für die gleichen Themen gebrauchst? Dass Du Dich ständig wiederholst?

Das Beten mit der Bibel kann Dein Gebetsleben völlig verändern. Es lehrt Dich, Deine Probleme und Kämpfe, die ständigen Veränderungen und Krisen in Deiner Umgebung und in der Welt aus einer anderen Perspektive zu betrachten. Es lehrt Dich, im Gebet auf den souveränen Gott zu schauen und Ihn anzubeten, weil uns die Schrift auf all ihren Seiten zu genau dieser Haltung anleitet.

Wenn Du den innigen Wunsch hast, im Gebet mehr Zeit mit Deinem himmlischen Vater zu verbringen und Dich an dieser Gemeinschaft zu erfreuen, wird sich Dir dieses einfache Buch als unschätzbar wertvoll erweisen.

Denn einen anderen
Grund kann niemand
legen außer dem,
der gelegt ist, welcher
ist Jesus Christus.

1.Korinther 3,11